l'école - scol	2
le voyage - biahamento	5
le transport - transport	8
la ville - ciudad	10
le paysage - paisahe	14
le restaurant - restaurant	17
le supermarché - supermarket	20
les boissons - bebida	22
l'alimentation - cuminda	23
la ferme - cunucu	27
la maison - cas	31
le salon - sala	33
la cuisine - cushina	35
la salle de bain - baño	38
la chambre d'enfant - camber di mucha	42
les vêtements - paña	44
le bureau - oficina	49
l'économie - economia	51
les professions - ofishi / profesion	53
les outils - herment	56
les instruments de musique - instrumento musical	57
le zoo - parke di bestia	59
les sports - deporte	62
les activités - actividad	63
la famille - famia	67
le corps - curpa	68
l'hôpital - hospital	72
l'urgence - caso di emergencia	76
la terre - mundo	77
...heure(s) - holoshi	79
la semaine - siman	80
l'année - aña	81
les formes - forma	83
les couleurs - colo	84
les oppositions - contrario	85
les nombres - cifra	88
les langues - idioma	90
qui / quoi / comment - ken / kico / con	91
où - unda	92

Impressum
Verlag: BABADADA GmbH, Nedderfeld 112 , 22529 Hamburg
Geschäftsführer / Verlagsleitung: Harald Hof
Druck: Books on Demand GmbH, In de Tarpen 42, 22848 Norderstedt

Imprint
Publisher: BABADADA GmbH, Nedderfeld 112 , 22529 Hamburg, Germany
Managing Director / Publishing direction: Harald Hof
Print: Books on Demand GmbH, In de Tarpen 42, 22848 Norderstedt

l'école

scol

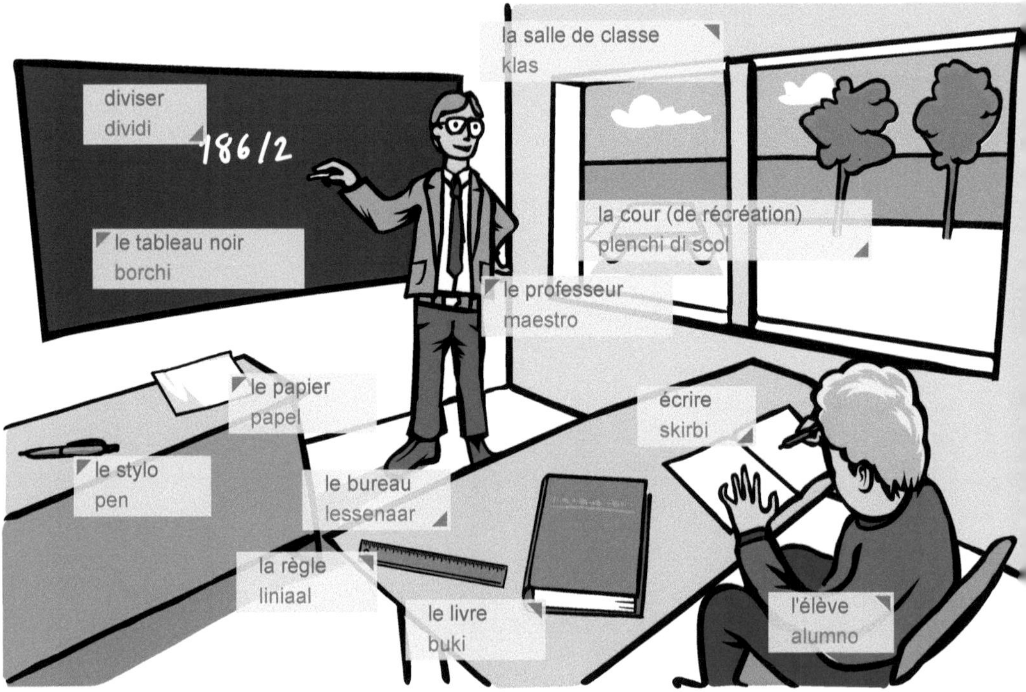

la salle de classe
klas
diviser
dividi
186/2
le tableau noir
borchi
la cour (de récréation)
plenchi di scol
le professeur
maestro
le papier
papel
écrire
skirbi
le stylo
pen
le bureau
lessenaar
la règle
liniaal
le livre
buki
l'élève
alumno

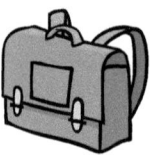

le cartable
tas di scol

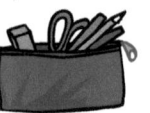

la trousse
etui

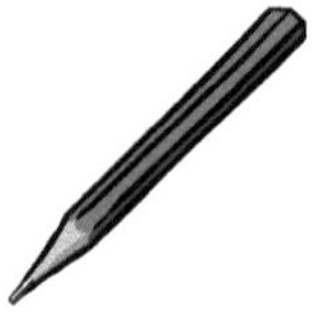

le crayon
potlood

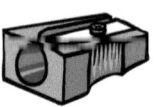

le taille-crayon
slijper

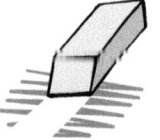

la gomme
gum

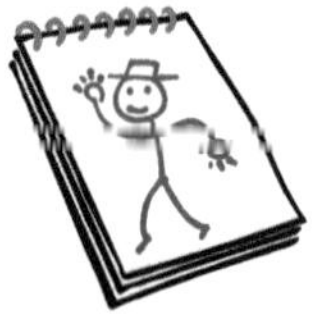

le carnet à dessin
buki di pinta

le dessin

pintura

le pinceau

cuashi

la boîte de peinture

caha di verf

les ciseaux

sker

la colle

lijm

le cahier d'exercices

schrift

les devoirs

huiswerk

le chiffre

number

additionner

suma

soustraire

kita

multiplier

multiplica

calculer

conta

la lettre

letter

ABCDEFG
HIJKLMN
OPQRSTU
VWXYZ

l'alphabet

alfabet

le mot

palabra

le texte

texto

lire

lesa

la craie

krijt

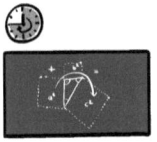

la leçon

les

le livre de classe

klassenboek

l'examen

examen

le certificat

diploma

l'uniforme scolaire

uniform di scol

la formation

estudio

le lexique

enciclopedia

l'université

universidad

le microscope

microscop

la carte

mapa

la corbeille à papier

bari di sushi

le voyage
biahamento

l'hôtel
hotel
Grand
l'auberge
posada
ROOMS
le bureau de change
oficina di cambio
CHANGE
la valise
maleta
la voiture
auto

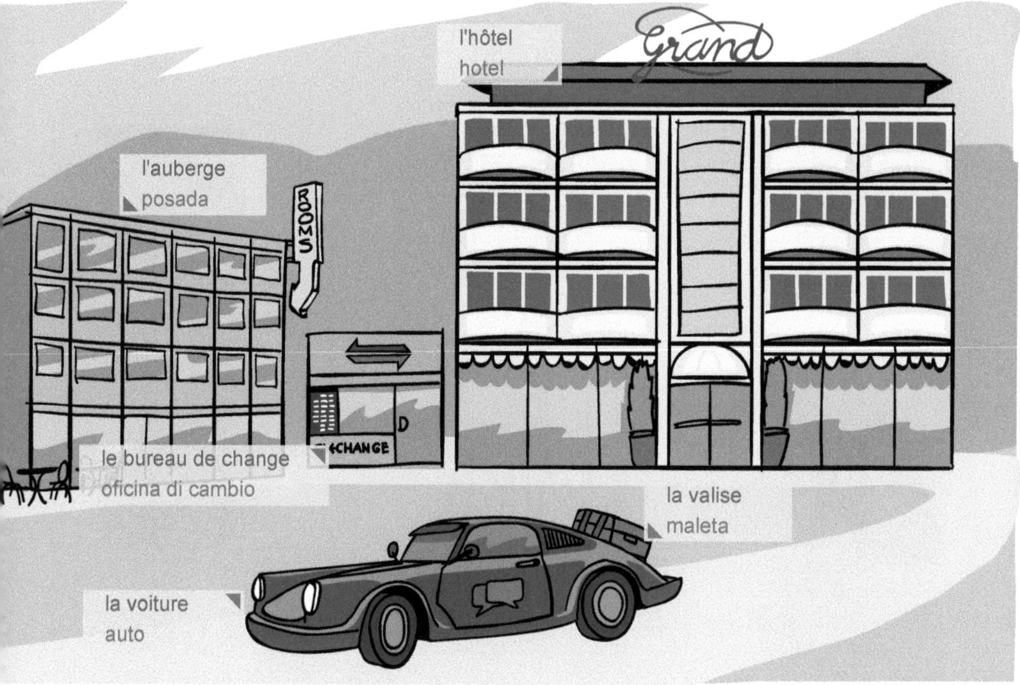

la langue

idioma

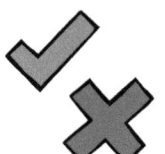

oui / non

si / no

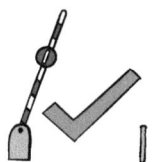

d'accord

bon

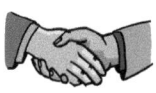

Salut

hallo

l'interprète

tolk

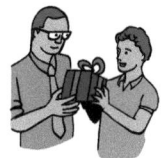

merci

masha danki

Combien coûte...?

Cuanto esaki ta costa?

Je ne comprends pas

Mi no ta compronde

le problème

problema

Bonsoir !

bon nochi

Bonjour !

Bon dia!

Bonne nuit !

Bon nochi!

Au revoir

ayo

la direction

direccion

les bagages

maleta

le sac

handbag

le sac-à-dos

rugtas

l'hôte

huesped

la pièce

camber

le sac de couchage

slaapzak

la tente

tent

l'office de tourisme

informacion pa turista

la plage

lama

la carte de crédit

credit card

le petit-déjeuner

desayuno

le déjeuner

cuminda di merdia

le dîner

cuminda di anochi

le billet

carchi

l'ascenseur

cabe'i boto

le timbre

stampia

la frontière

grens

la douane

duana

l'ambassade

embahada

le visa

visa

le passeport

paspoort

le transport
transport

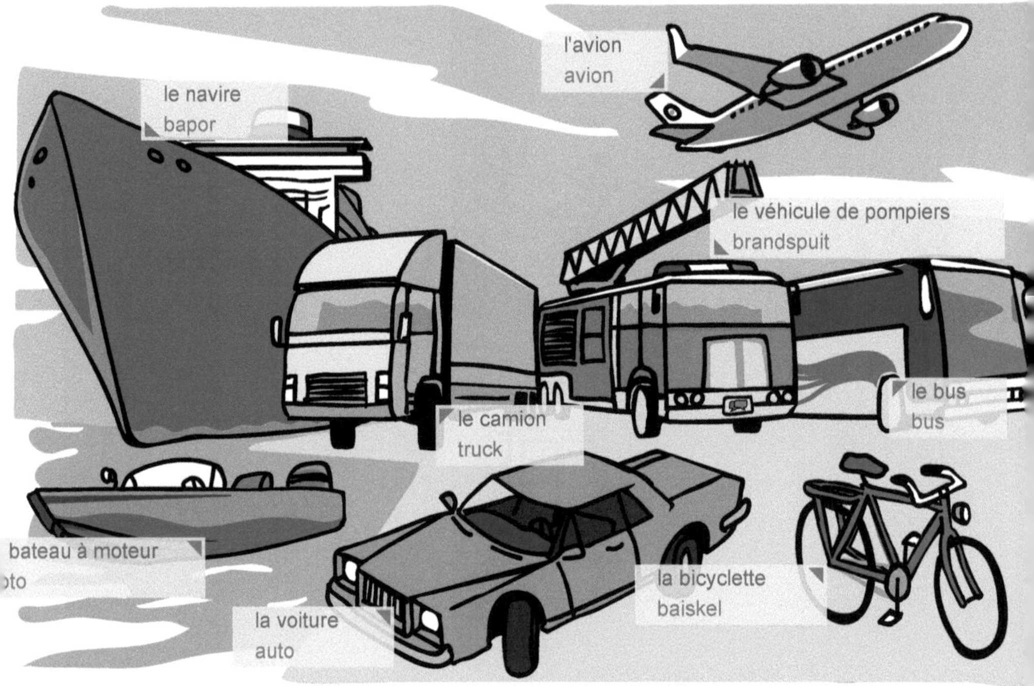

l'avion
avion
le navire
bapor
le véhicule de pompiers
brandspuit
le bus
bus
le camion
truck
bateau à moteur
oto
la bicyclette
baiskel
la voiture
auto

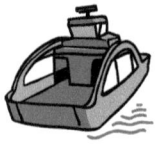

le ferry

ferry

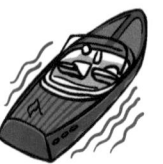

la barque

boto

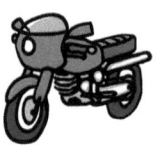

la moto

brommer

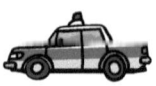

la voiture de police

auto di polis

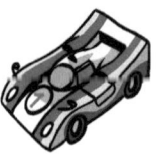

la voiture de course

auto di careda

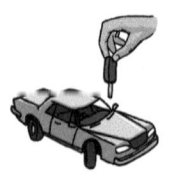

la voiture de location

auto di huur

l'auto-partage
car sharing

la voiture de remorquage
takelwagen

la benne à ordures
dump truck

le moteur
motor

l'essence
gasolin

la station d'essence
pomp di gasolin

le panneau indicateur
borchi di trafico

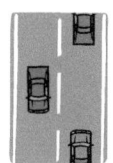

le trafic
trafico

l'embouteillage
fila

le parking
parkeerplaats

la gare
stacion di trein

les rails
riel

le train
trein

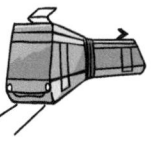

le tramway
tram

le wagon
wagon

l'hélicoptère

helicopter

l'aéroport

aeropuerto

la tour

toren

le passager

pasahero

le conteneur

container

le carton

caha di carton

le chariot

garoshi

la corbeille

macutu

décoller / atterrir

lanta / baha

la ville

ciudad

le village

pueblo

le centre-ville

centro di ciudad

la maison

cas

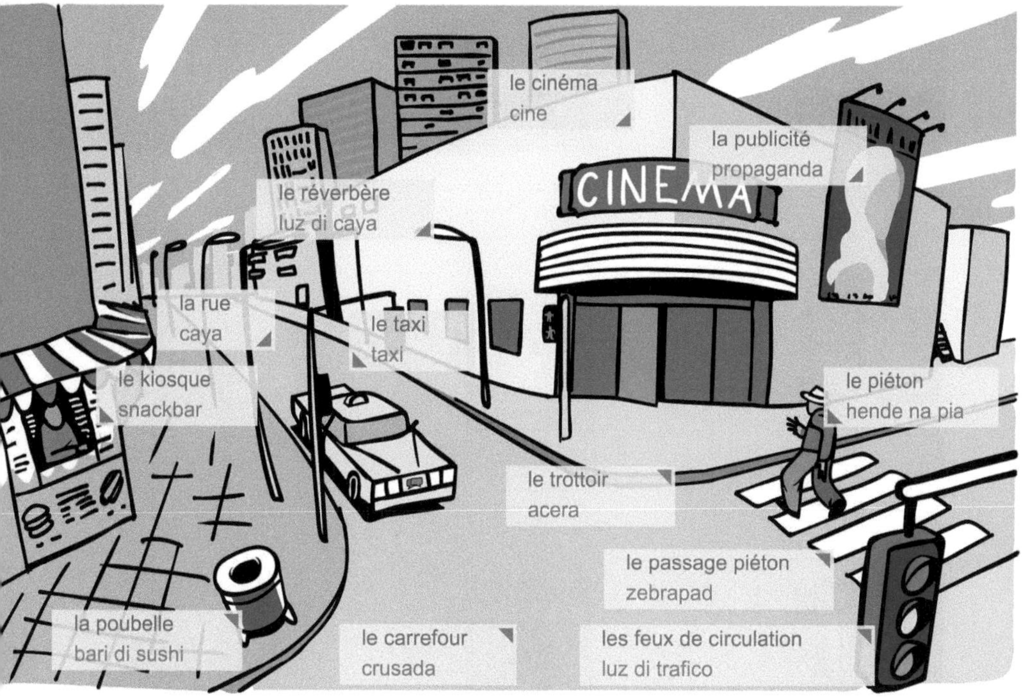

le cinéma
cine

la publicité
propaganda

le réverbère
luz di caya

la rue
caya

le taxi
taxi

le kiosque
snackbar

le piéton
hende na pia

le trottoir
acera

le passage piéton
zebrapad

la poubelle
bari di sushi

le carrefour
crusada

les feux de circulation
luz di trafico

la cabane
hut

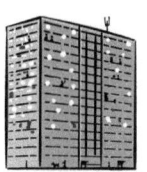

l'appartement
flat

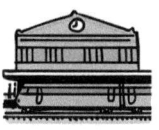

la gare
stacion di trein

la mairie
stadhuis

le musée
museo

l'école
scol

la ville - ciudad

l'université

universidad

la banque

banco

l'hôpital

hospital

l'hôtel

hotel

la pharmacie

botica

le bureau

oficina

la librairie

boekhandel

le magasin

tienda

le fleuriste

floresteria

le supermarché

supermarket

le marché

mercado

le grand magasin

department store

la poissonnerie

bendedo di pisca

le centre commercial

shopping center

le port

haf

le parc
park

la banque
banki

le pont
brug

les escaliers
trapi

le métro
metro

le tunnel
tunnel

l'arrêt de bus
parada di bus

le bar
bar

le restaurant
restaurant

la boîte à lettres
postbox

le panneau indicateur
borchi di nomber di caya

le parcmètre
parkeermeter

le zoo
parke di bestia

le réverbère
piscina

la mosquée
moskee

la ferme
....
cunucu

la pollution
....
polucion

la cimetière
....
santana

l'église
....
misa

l'aire de jeux
....
speelplaats

le temple
....
tempel

le paysage

paisahe

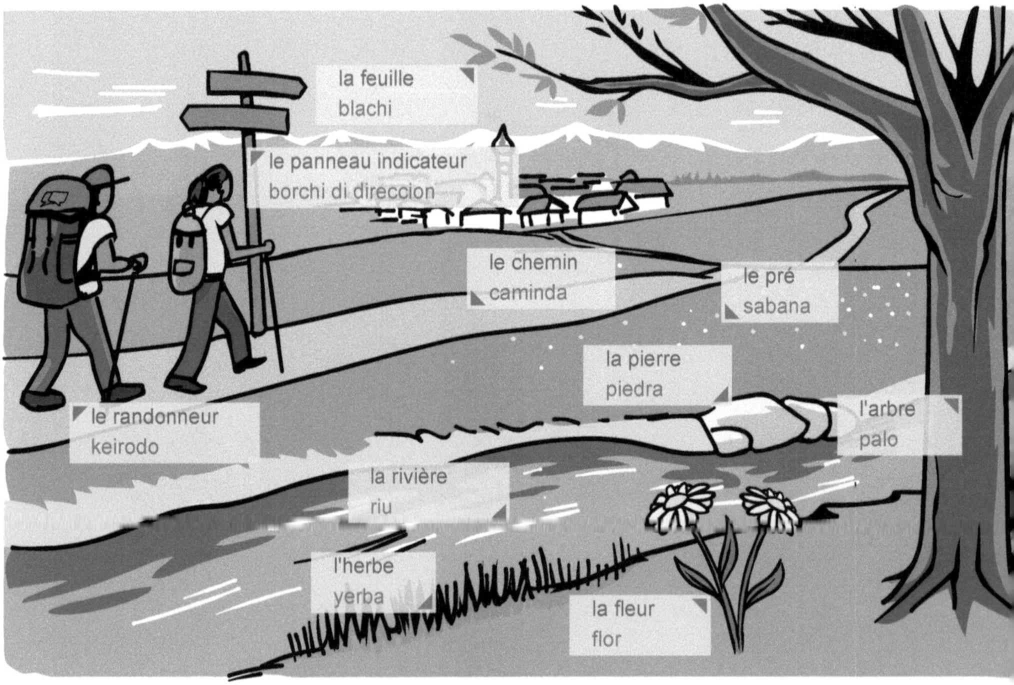

la feuille
blachi

le panneau indicateur
borchi di direccion

le chemin
caminda

le pré
sabana

la pierre
piedra

le randonneur
keirodo

l'arbre
palo

la rivière
riu

l'herbe
yerba

la fleur
flor

la vallée

vallei

la montagne

sero

le lac

lago

la forêt

mondi

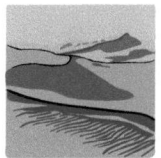

le désert

desierto

le volcan

volcan

le château

kasteel

l'arc-en-ciel

arco iris

le champignon

paddenstoel

le palmier

palma

le moustique

sangura

la mouche

musca

les fourmis

vruminga

l'abeille

bij

l'araignée

haraña

le coléoptère

tor

la grenouille

dori

l'écureuil

eekhoorn

le hérisson

porcospina

le lièvre

coneu

la chouette

shoco

l'oiseau

parha

le cygne

zwaan

le sanglier

porco di mondi

le cerf

bina

l'élan

eland

le barrage

dam

l'éolienne

molina di biento

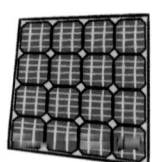

le panneau solaire

panel solar

le climat

clima

le restaurant
restaurant

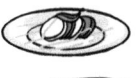

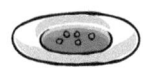

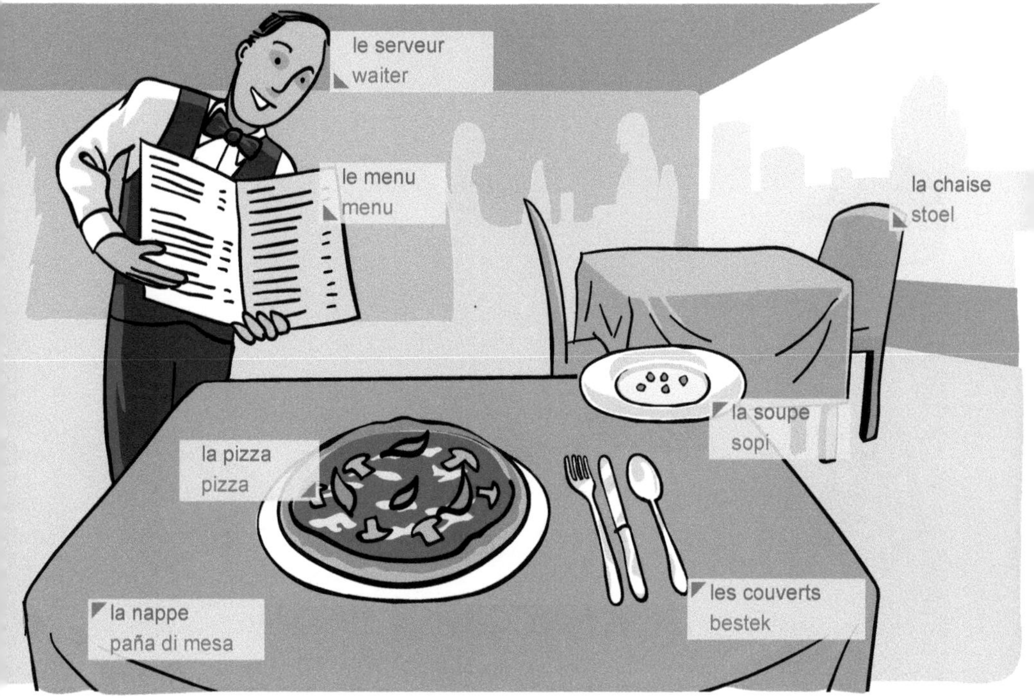
le serveur
waiter
le menu
menu
la chaise
stoel
la soupe
sopi
la pizza
pizza
les couverts
bestek
la nappe
paña di mesa

les hors d'œuvre

aperitivo

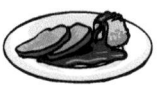

le plat principal

cuminda principal

le dessert

dessert

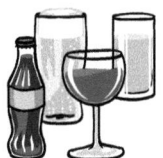

les boissons

bebida

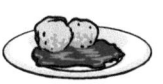

l'alimentation

cuminda

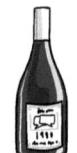

la bouteille

boter

le fast-food

fastfood

les plats à emporter

streetfood

la théière

canica di te

le sucrier

pochi di sucu

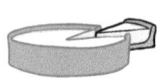

la portion

porcion

la machine à expresso

espressomachine

la chaise haute

stoel di mucha

la facture

cuenta

le plateau

hasechi

le couteau

cuchiu

la fourchette

forki

la cuillère

cuchara

la cuillère à thé

telep

la serviette

napkin

le verre

glas

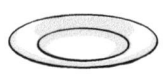

l'assiette
tayo

l'assiette à soupe
tayo di sopi

la soucoupe
scoter

la sauce
saus

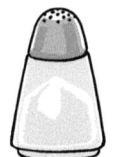

la salière
pochi di salo

le moulin à poivre
mulina di peper

le vinaigre
binager

l'huile
azeta

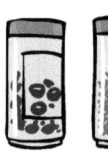

les épices
specerij

le ketchup
ketchup

la moutarde
mosterd

la mayonnaise
mayonaise

le supermarché

supermarket

l'offre promotionnelle
oferta special
FOR
le client
cliente
les produits laitiers
producto lacteo
les fruits
fruta
le chariot
garoshi di compra

BUTCHERS

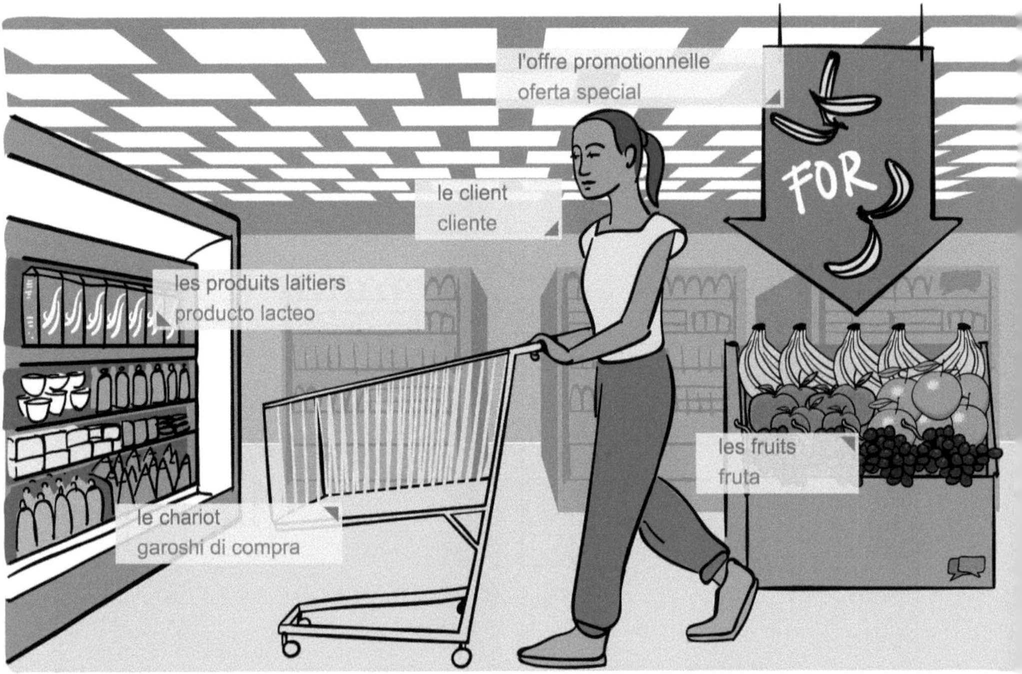

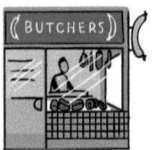

la boucherie

carniceria

BAKERY

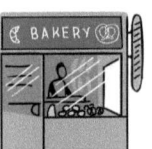

la boulangerie

panaderia

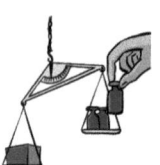

peser

pisa

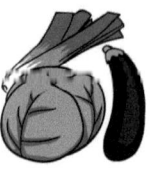

les légumes

berdura

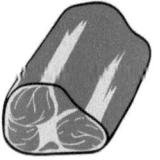

la viande

carni

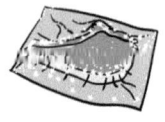

les aliments surgelés

frozen food

la charcuterie

beleg di carni

les conserves

cuminda di bleki

la poudre à lessive

detergente na puiro

les bonbons

mangel

les articles ménagers

producto pa cas

les détergents

articulo di limpiesa

la vendeuse

bendedo

la caisse

cahero

le caissier

cahero

la liste d'achats

lista di compra

les heures d'ouverture

orario

le portefeuille

cartera

la carte de crédit

credit card

le sac

tas

le sac en plastique

saco di plastic

l'eau

awa

le jus de fruit

juice

le lait

lechi

le coca

cola

le vin

biña

la bière

cerbes

l'alcool

alcohol

le chocolat chaud

chocomel

le thé

te

le café

koffie

l'expresso

espresso

le cappuccino

cappuccino

la banane

bacoba

la pomme

appel

l'orange

apelsina

le melon

milon

le citron.

lamunchi

la carotte

wortel

l'ail

conoflok

le bambou

bambu

l'oignon

siboyo

le champignon

mushroom

les noisettes

noot

les pâtes

pasta

les spaghetti

spaghetti

le riz

aros

la salade

salada

les pommes frites

batata hasa

les pommes de terre rôties

batata hasa

la pizza

pizza

le hamburger

hamburger

le sandwich

sandwich

l'escalope

cutlet

le jambon

ham

le salami

salami

la saucisse

soseishi

le poulet

galiña

le rôti

hasa

le poisson

pisca

les flocons d'avoine

papa

le muesli

müsli

les cornflakes

cornflakes

la farine

hariña

le croissant

croissant

les petits-pains

pan rondo

le pain

pan

le pain grillé

toast

les biscuits

cuki

le beurre

manteca

le fromage blanc

kwark

le gâteau

bolo

l'œuf

webo

l'œuf au plat

webo hasa

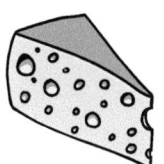

le fromage

keshi

la glace

ijscream

le sucre

sucu

le miel

honing

la confiture

jam

la crème nougat

pasta di chuculati

le curry

curry

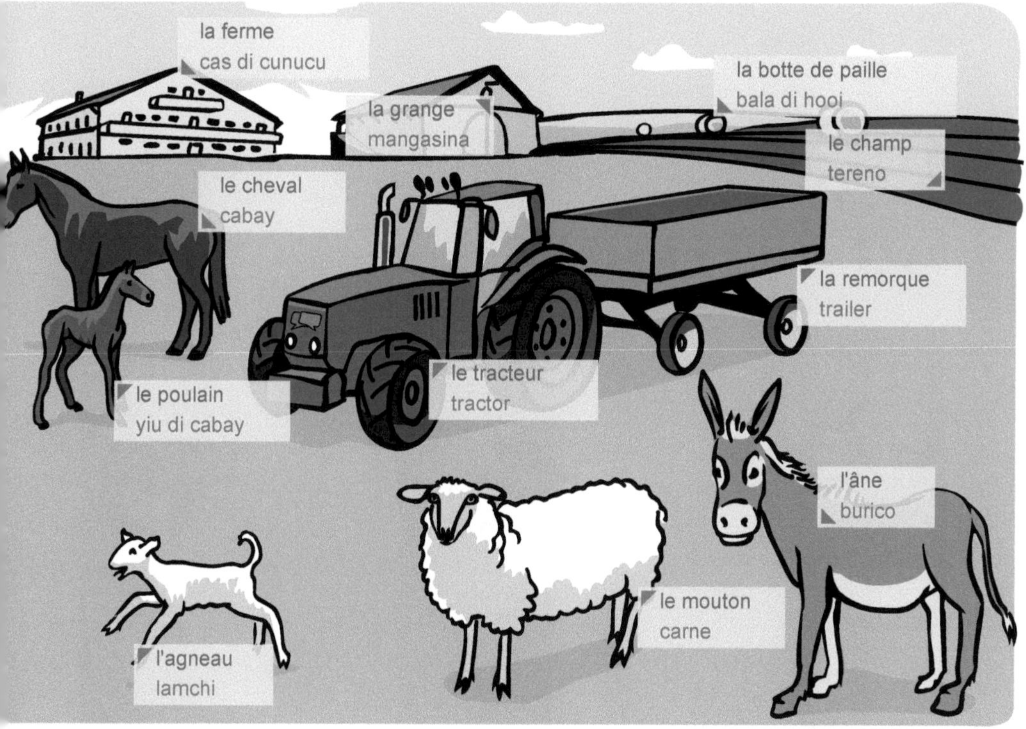

la ferme
cas di cunucu

la grange
mangasina

la botte de paille
bala di hooi

le champ
tereno

le cheval
cabay

la remorque
trailer

le poulain
yiu di cabay

le tracteur
tractor

l'âne
burico

l'agneau
lamchi

le mouton
carne

la chèvre
cabrito

la vache
baca

le veau
bishe

le porc
porco

le porcelet
yiu di porco

le taureau
toro

l'oie

gans

le canard

pato

le poussin

puyito

la poule

galiña

le coq

gay

le rat

djaca

le chat

pushi

la souris

raton

le bœuf

toro

le chien

cacho

le chenil

cas di cacho

le tuyau de jardin

slang pa muha mata

l'arrosoir

gieter

la faucheuse

herment pa corta yerbe

la charrue

ploeg

la faucille

garabati

la pioche

chapi

la fourche

forki pa coy hooi

la hache

hacha

la brouette

garetia

la cuve

pesebre

le pot à lait

canica di lechi

le sac

saco

la clôture

heki

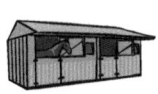

l'étable

stal

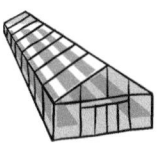

le serre

greenhouse

le sol

suela

les semences

simia

l'engrais

mest

la moissonneuse-batteuse

mashin di cosecha

récolter

cosecha

la récolte

cosecha

l'igname

yams

le blé

trigo

le soja

soya

la pomme de terre

batata

le maïs

maishi

le colza

canola

l'arbre fruitier

palo di fruta

le manioc

yuca

les céréales

grano

la maison
cas

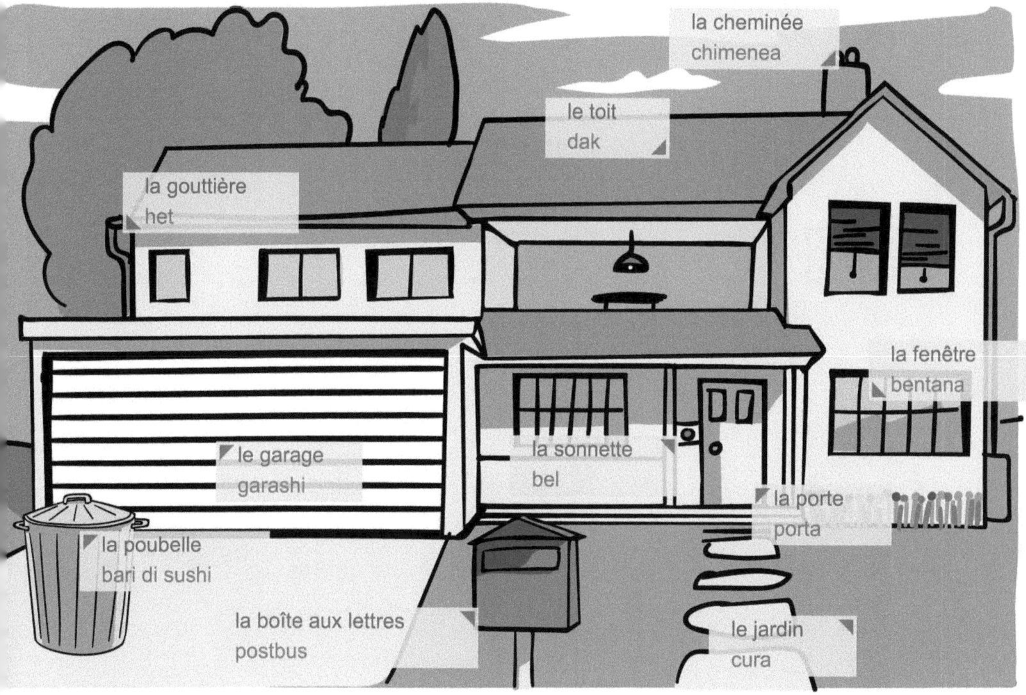

la cheminée
chimenea
le toit
dak
la gouttière
het
la fenêtre
bentana
le garage
garashi
la sonnette
bel
la porte
porta
la poubelle
bari di sushi
la boîte aux lettres
postbus
le jardin
cura

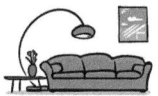

le salon

sala

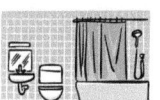

la salle de bain

baño

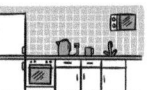

la cuisine

cushina

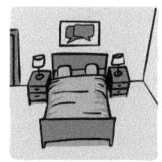

la chambre à coucher

camber

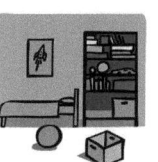

la chambre d'enfant

camber di mucha

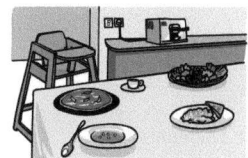

la salle à manger

comedo

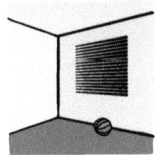

le sol

suela

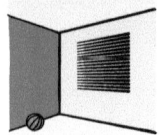

le mur

muraya

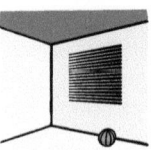

le plafond

blafon

la cave

bodega

le sauna

sauna

le balcon

balcon

la terrasse

terasa

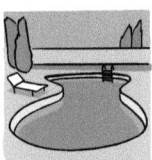

la piscine

piscina

la tondeuse à gazon

mashin di corta yerba

la housse

laken

la couette

bedsprei

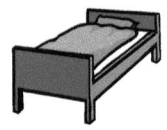

le lit

cama

le balai

basora

le sceau

hemchi

l'interrupteur

switch

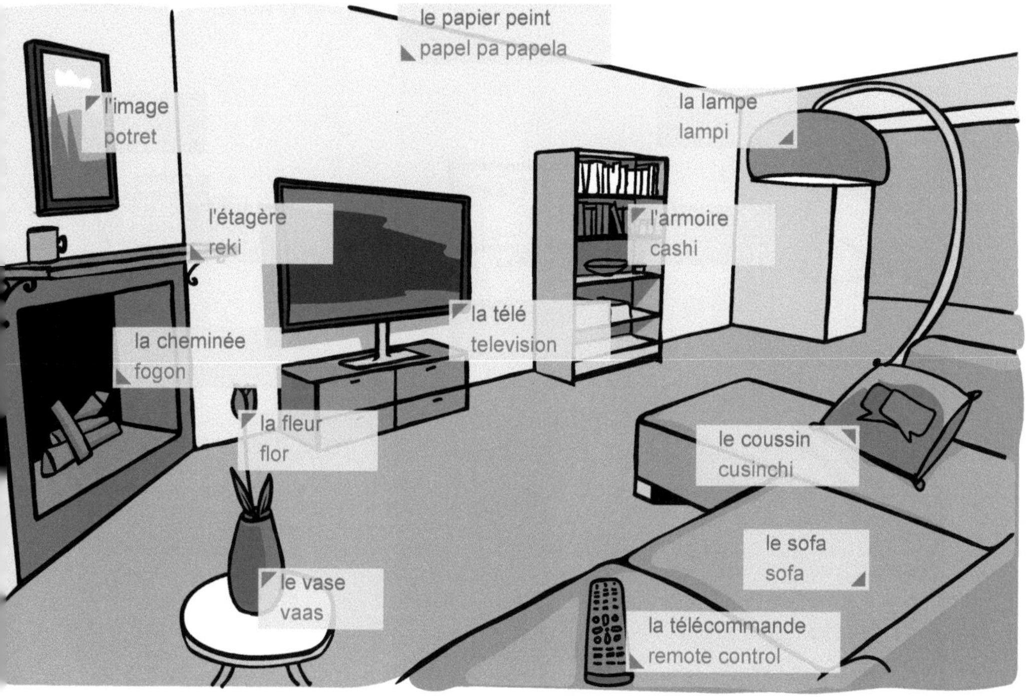

le papier peint
papel pa papela

l'image
potret

la lampe
lampi

l'étagère
reki

l'armoire
cashi

la cheminée
fogon

la télé
television

la fleur
flor

le coussin
cusinchi

le sofa
sofa

le vase
vaas

la télécommande
remote control

le tapis

tapijt

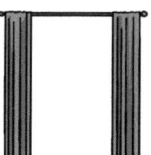

le rideau

cortina

la table

mesa

la chaise

stoel

la chaise à bascule

stoel di zoya

le fauteuil

stoel

le livre

buki

la couverture

dekel

la décoration

decoracion

le bois de chauffage

palo pa kima

le film

film

la chaîne hi-fi

stereoset

la clé

yabi

le journal

corant

la peinture

cuadra

le poster

poster

la radio

radio

le bloc-notes

blocnote

l'aspirateur

stofzuiger

le cactus

cadushi

la bougie

bela

la cuisine
cushina

le réfrigérateur
frishider
le four à micro-ondes
microwave
la balance de cuisine
balansa di cushina
le grille-pain
toaster
le détergent
detergente
le four
forno
le compartiment congélateur
freezer
la poubelle
bari di sushi
le lave-vaisselle
dishwasher

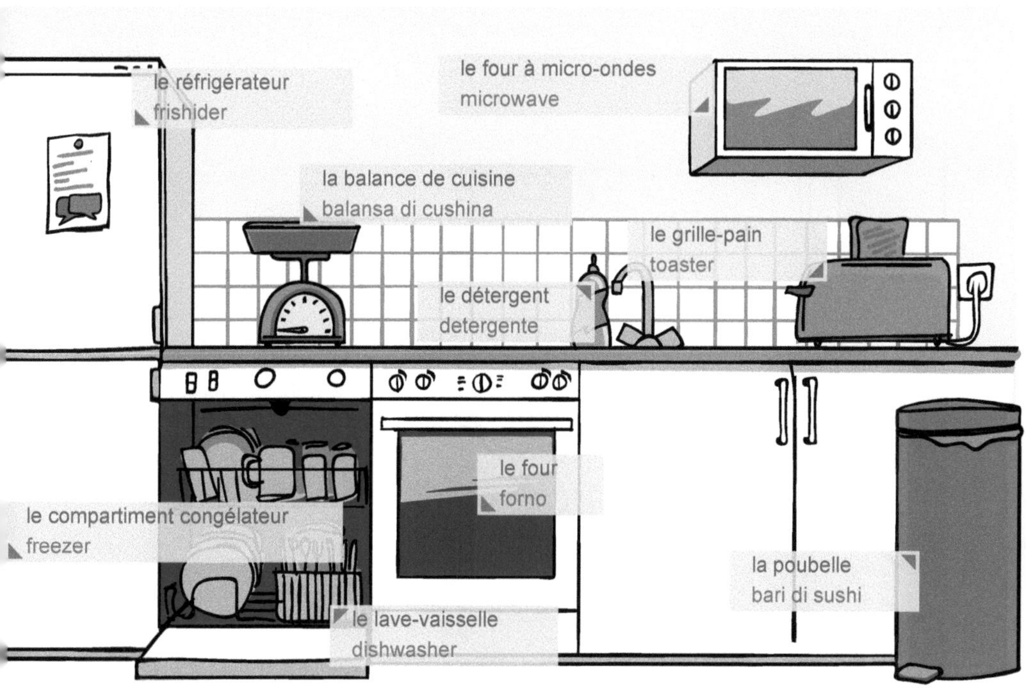

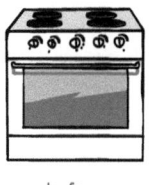

le four
stoof

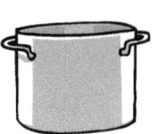

la casserole
wea

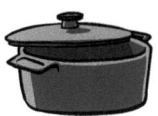

la marmite
wea di hero

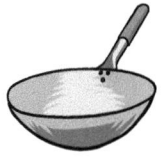

le wok / kadai
wok

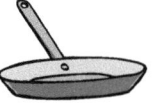

la poêle
planchi

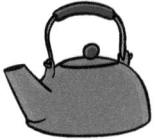

la bouilloire electrique
ketel

le cuiseur vapeur

steamer

la plaque de cuisson

teblachi pa horna

la vaisselle

servies

le gobelet

beker

la coupe

conchi

les baguettes

chopstick

la louche

cuchara di sopi

la spatule

spatula

le fouet

garde

la passoire

scurido

le tamis

colado

la râpe

raspa

le mortier

fenso

le barbecue

barbecue

la cheminée

candela

la planche à découper

planki pa corta

le rouleau à pâtisserie

rostok

le tire-bouchon

kurkentrek

la boîte

bleki

l'ouvre-boîte

cos di habri bleki

les maniques

pannenlap

le lavabo

wasbak

la brosse

skeiro

l'éponge

spons

le mixeur

blender

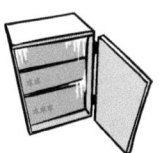

le congélateur

freezer

le biberon

tetero

le robinet

cranchi

la salle de bain

baño

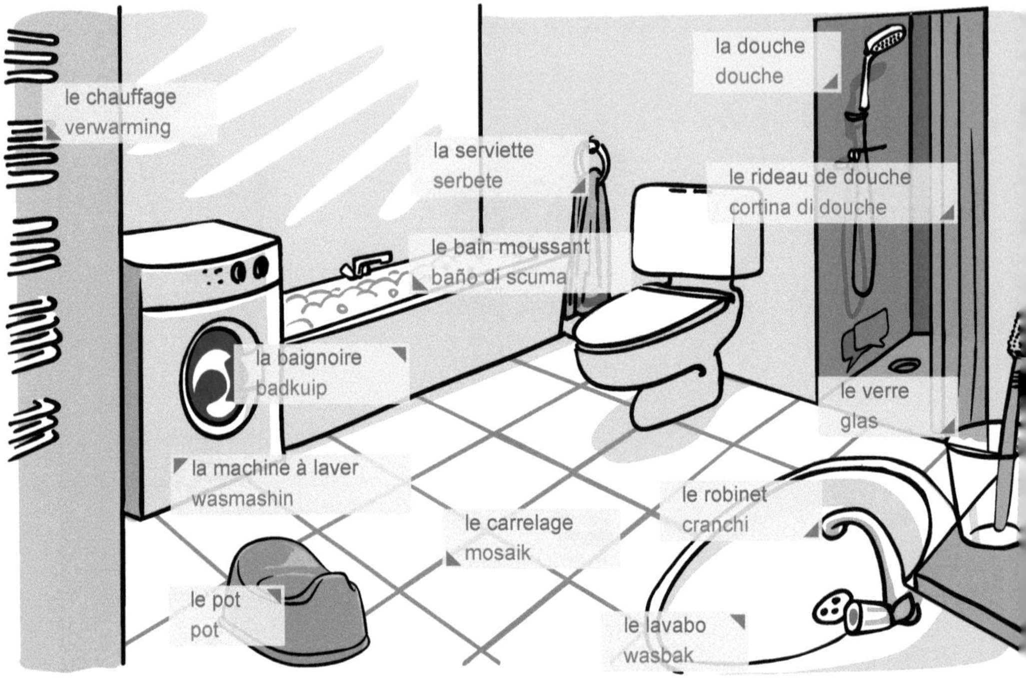

la douche
douche
le chauffage
verwarming
la serviette
serbete
le rideau de douche
cortina di douche
le bain moussant
baño di scuma
la baignoire
badkuip
le verre
glas
la machine à laver
wasmashin
le robinet
cranchi
le carrelage
mosaik
le pot
pot
le lavabo
wasbak

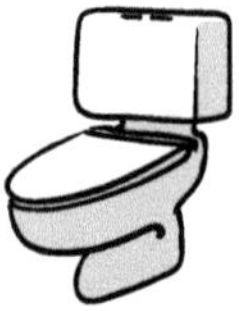

les toilettes

tualet

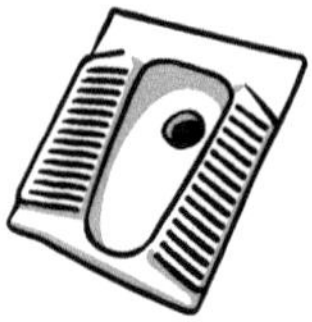

la toilette à la turque

hurktoilet

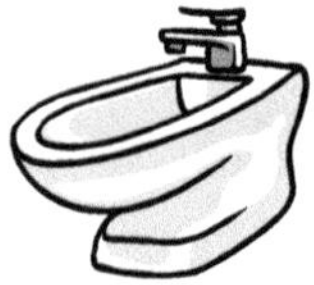

le bidet

bidet

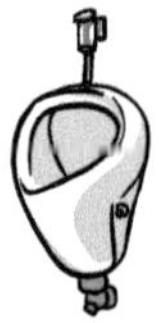

l'urinoir

urinal

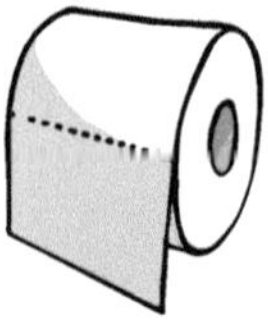

le papier toilette

papel di w.c.

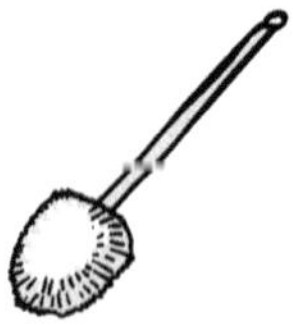

la brosse à toilette

skeiro di w.c.

la brosse à dents
skeiro di djente

le dentifrice
pasta di djente

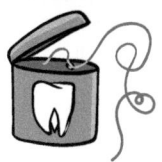

le fil dentaire
dental floss

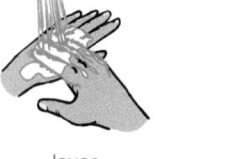

laver
laba

la douche manuelle
douche di man

la douche intime
bidet

la vasque
tobo

la brosse dorsale
skeiro

le savon
habon

le gel douche
shower gel

le shampooing
shampoo

le gant de toilette
washandje

l'écoulement
drain

la crème
crema

le déodorant
desodorante

le miroir

spiel

le miroir cosmétique

spiel di man

le rasoir

blet

la mousse à raser

shaving foam

l'après-rasage

aftershave

la peigne

peña

la brosse

skeiro

le sèche-cheveux

blower

la laque pour cheveux

spray pa cabey

le fond de teint

makeup

le rouge à lèvres

lipstick

le vernis à ongles

cos di pinta huña

l'ouate

catuna

le coupe-ongles

sker pa corta huña

le parfum

perfume

la trousse de toilette

tas

le tabouret

kruk

le pèse-personne

balansa

le peignoir

bata

les gants de nettoyage

handschoen

le tampon

tampon

es serviettes hygiéniques

kotex

la toilette chimique

wc kimico

la chambre d'enfant

camber di mucha

le réveil
wekker
le doudou
peluche
la voiture jouet
auto di hunga
le hochet
maraca
la maison de poupée
cas di popchi
le cadeau
regalo

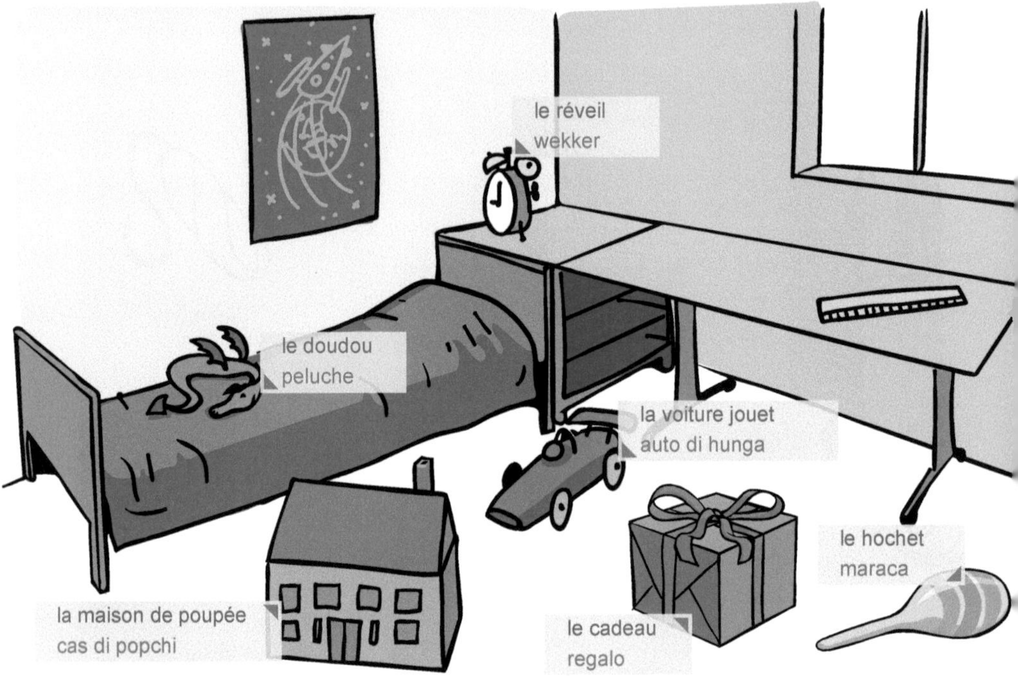

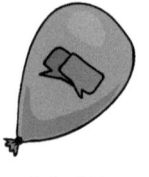

le ballon

blaas

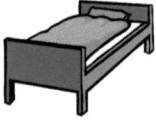

le lit

cama

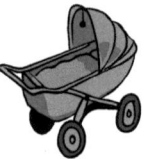

la poussette

stroller

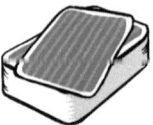

le jeu de cartes

baraha di carta

le puzzle

puzzel

SUPER
MEGA

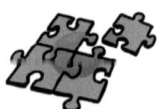

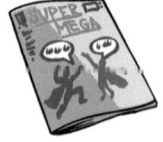

la bande dessinée

comic

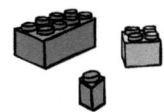

les pièces lego

lego

les blocs de construction

bloki di hunga

la figurine

figura di accion

la grenouillère

romper

le frisbee

frisbee

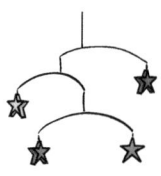

le mobile

mobil

le jeu de société

wega di mesa

le dé

dou

le train miniature

set di trein

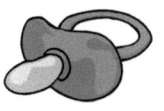

la sucette

chupon

la fête

fiesta

le livre d'images

buki di prenchi

la balle

bala

la poupée

popchi

jouer

hunga

le bac à sable

zandbak

la balançoire

zoya

les jouets

cos di hunga

la console de jeu

videogame

le tricycle

tricycle

l'ours en peluche

beer

l'armoire

cashi di paña

les vêtements

paña

les chaussettes

mea

les bas

mea

le collant

pantyhose

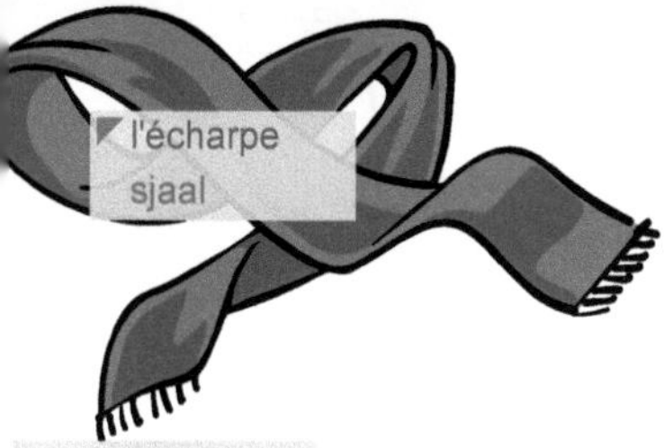

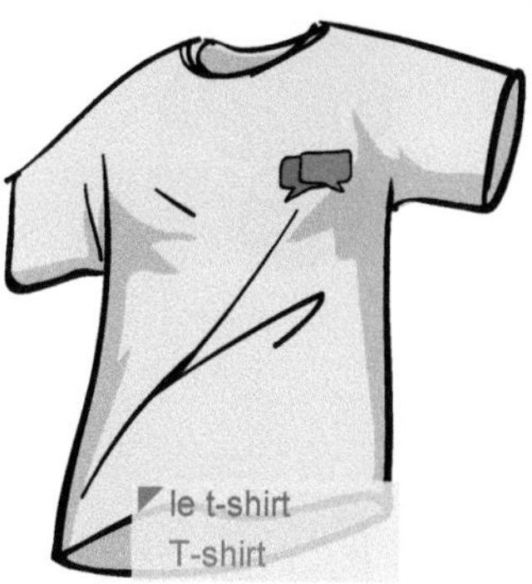

l'écharpe
sjaal

la ceinture
faha

le parapluie
paraplu

le t-shirt
T-shirt

les baskets
keds

les bottes
boots

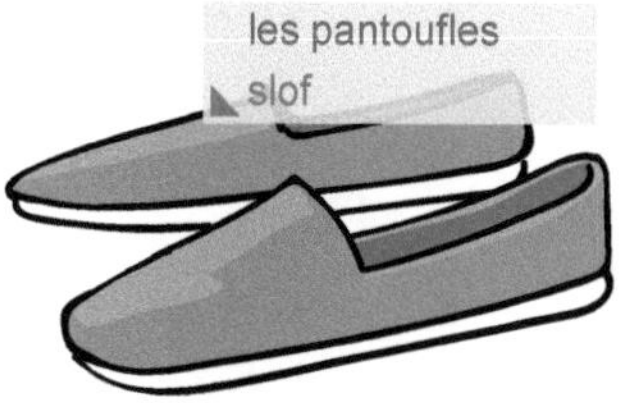

les pantoufles
slof

les sandales
....
sandalia

les chaussures
....
sapato

les bottes de caoutchouc
....
laars di rubber

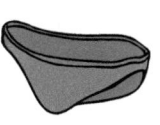

les sous-vêtements
....
carsonsio

le soutien-gorge
....
bh

le maillot de corps
....
flanel

les vêtements - paña

le body

body

le pantalon

carson

le jean

jeans

la jupe

saya

le chemisier

blusa

la chemise

camisa

le pull

sweater

le sweat à capuche

sweater

la veste

blazer

la veste

jacket

le manteau

jas

l'imperméable

regenjas

le costume

flus

la robe

shimis

la robe de mariée

shimis di bruid

le costume

flus

la chemise de nuit

yapon

le pyjama

pidjama

le sari

sari

le foulard

lenso di cabes

le turban

turban

la burqa

burqa

le caftan

kaftan

l'abaya

abaya

le maillot de bain

zwempak

le maillot de bain

zwembroek

le short

carson cortico

la tenue d'entraînement

trainingspak

le tablier

lantera

les gants

handschoen

le bouton

boton

les lunettes

bril

le bracelet

armband

le collier

cadena

la bague

renchi

la boucle d'oreille

renchi di horea

le bonnet

pechi

le cintre

kapstok

le chapeau

sombre

la cravate

dashi

la fermeture éclair

ziper

le casque

helm

les bretelles

guiel

l'uniforme scolaire

uniform di scol

l'uniforme

uniform

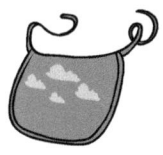

le bavoir
babado

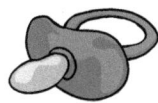

la sucette
chupon

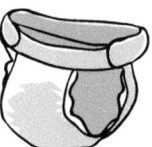

la lange
bruki

le bureau
oficina

le serveur
server
l'armoire d'archivage
filekast
l'imprimante
printer
le papier
papel
l'écran
pantaya
la souris
mouse
le bureau
lessenaar
le classeur
map
le clavier
keyboard
la chaise
stoel
la corbeille à papier
bari di sushi
l'ordinateur
computer

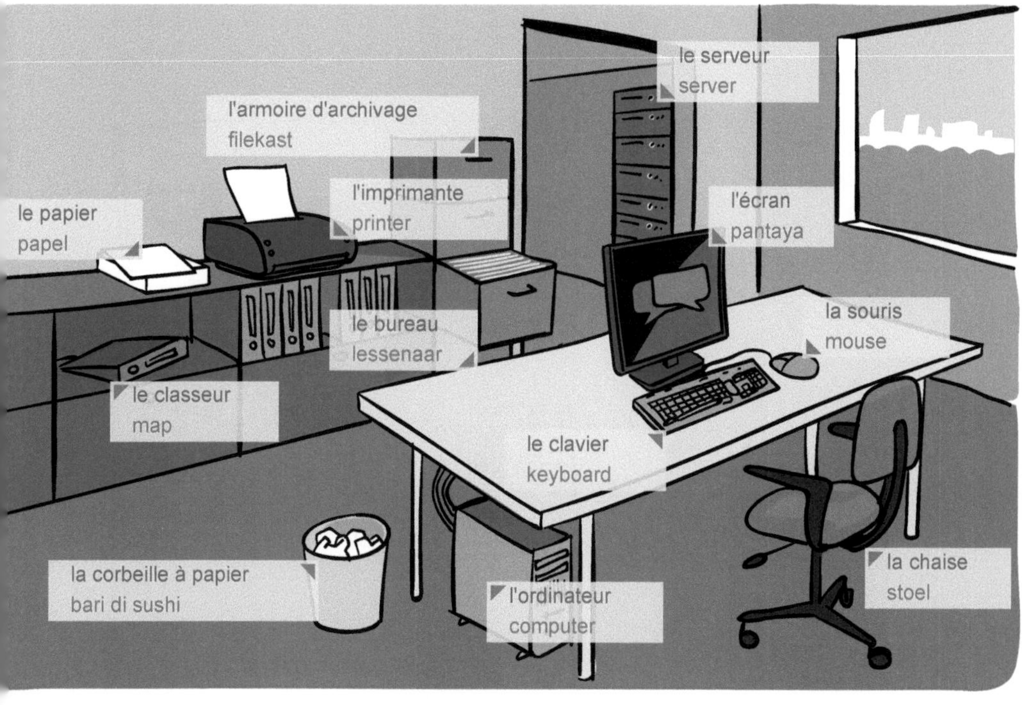

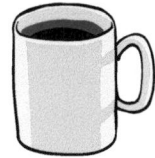

la tasse de café
copi pa bebe koffie

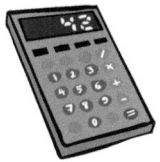

la calculatrice
calculator

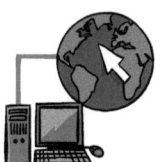

l'internet
internet

l'ordinateur portable

laptop

la lettre

carta

le message

mensahe

le portable

celular

le réseau

red

la photocopieuse

mashin di copia

le logiciel

software

le téléphone

telefon

la prise

stopcontact

le fax

fax mashin

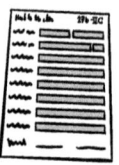

le formulaire

formulario

le document

documento

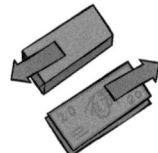

acheter

cumpra

payer

paga

faire du commerce

negosha

la monnaie

placa

le dollar

dollar

l'euro

euro

le yen

yen

le rouble

roebel

le franc suisse

frank suiso

le renminbi yuan

yuan renminbi

la roupie

roepi

le distributeur automatique

bancomatico

le bureau de change

oficina di cambio

l'or

oro

l'argent

plata

le pétrole

azeta

l'énergie

energia

le prix

prijs

le contrat

contract

la taxe

impuesto

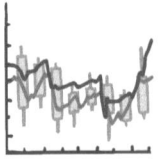

l'action

share

travailler

traha

l'employé

empleado

l'employeur

dunado di trabou

l'usine

fabrica

le magasin

tienda

l'économie - economia

les professions
ofishi / profesion

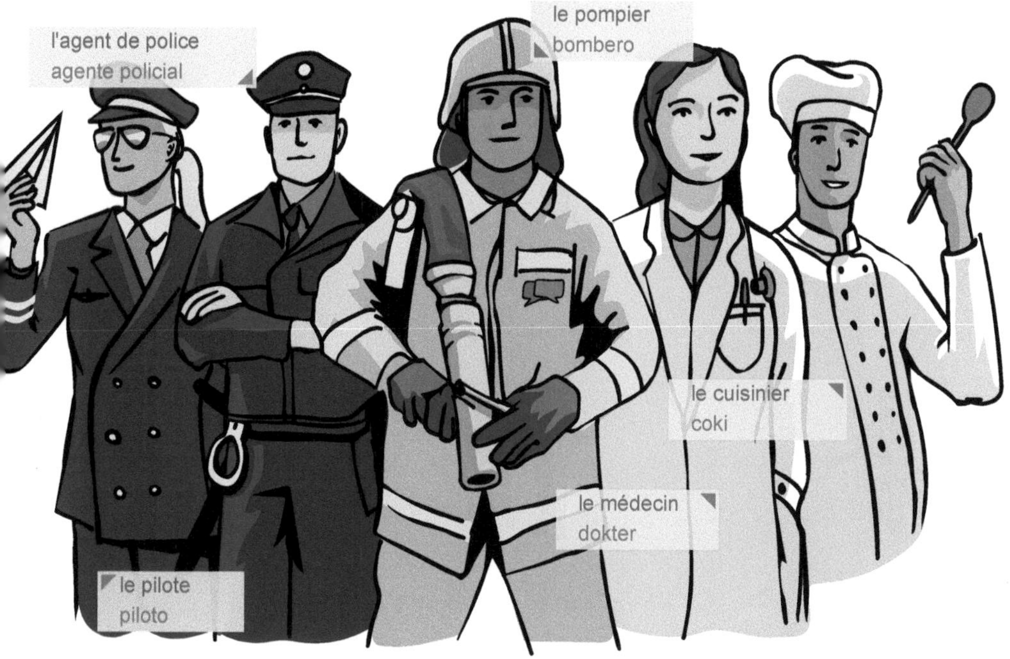

l'agent de police
agente policial
le pompier
bombero
le cuisinier
coki
le médecin
dokter
le pilote
piloto

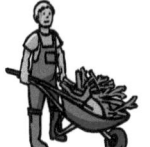

le jardinier

hardinero

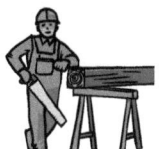

le menuisier

carpinte

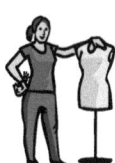

la couturière

cosedo

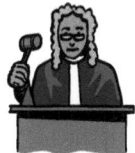

le juge

hues

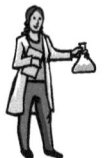

le chimiste

kimico

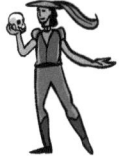

l'acteur

actor

le conducteur de bus

chauffeur di bus

le chauffeur de taxi

chauffeur di taxi

le pêcheur

piscado

la femme de ménage

hende cu ta haci cas limpi

le couvreur

drechado di dak

le serveur

waiter

le chasseur

jaagdo

le peintre

verfdo

le boulanger

panadero

l'électricien

electricista

l'ouvrier

trahado den construccion

l'ingénieur

ingeniero

le boucher

carnicero

le plombier

loodgieter

le facteur

partido di carta

le soldat
solda

l'architecte
arkitecto

le caissier
cahero

le fleuriste
florista

le coiffeur
pelukero / pelukera

le contrôleur
controlado di ticket

le mécanicien
mecanico

le capitaine
capitan

le dentiste
dentista

le scientifique
cientifico

le rabbin
rabbi

l'imam
imam

le moine
monk

le prêtre
pastor

les outils
herment

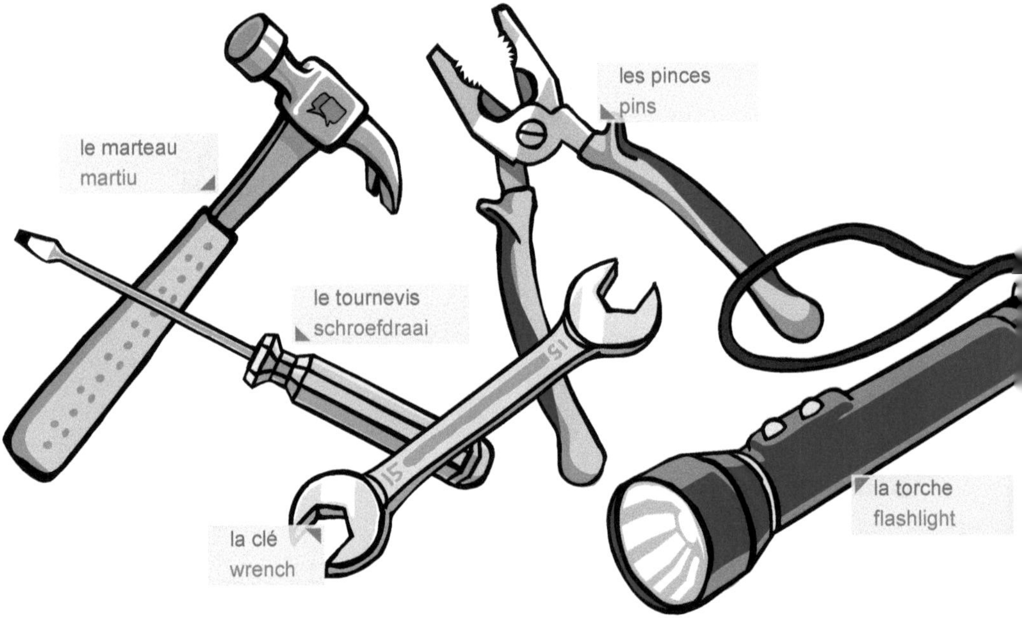

les pinces
pins
le marteau
martiu
le tournevis
schroefdraai
la torche
flashlight
la clé
wrench

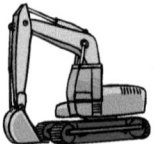

la pelleteuse

bulldozer

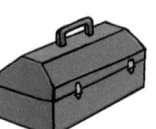

la boîte à outils

caha di herment

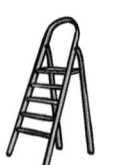

l'échelle

trapi

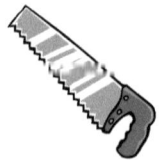

la scie

zaag

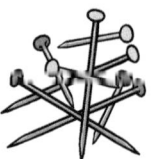

les clous

clabo

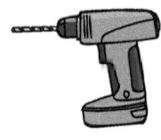

la perceuse

boormashin

réparer

drecha

la pelle

shobel

Mince !

caraho!

la pelle

scop

le pot de peinture

bleki di verf

les vis

schroef

les instruments de musique

instrumento musical

le haut-parleurs
speaker

la batterie
drumset

la guitare
guitara

la contrebasse
contrabaho

la trompette
trompet

le piano

piano

le violon

fio

la basse

baho

les timbales

timbal

le tambour

tambu

le piano électrique

keyboard

le saxophone

saxofon

la flûte

fluit

le microphone

microfon

le tigre
tiger

l'entrée
entrada

la cage
couchi

le zèbre
zebra

l'alimentation animale
cuminda di bestia

le panda
panda

les animaux
animal

l'éléphant
olifante

le kangourou
cangaru

le rhinocéros
neushoorn

le gorille
gorila

l'ours
beer

le chameau

camel

l'autruche

avestruz

le lion

leon

le singe

macaco

le flamand rose

flamingo

le perroquet

lora

l'ours polaire

beer polar

le pingouin

pinguin

le requin

tribon

le paon

pauwies

le serpent

colebra

le crocodile

caiman

le gardien de zoo

cuidado di bestia

le phoque

cacho di awa

le jaguar

jaguar

le poney

pony

le léopard

leopardo

l'hippopotame

hipopotamo

la girafe

giraf

l'aigle

aguila

le sanglier

porco di mondi

le poisson

pisca

la tortue

turtuga

le morse

walrus

le renard

vos

la gazelle

gazelle

deporte

l'american Football
futbol Americano

le cyclisme
ciclismo

le tennis
tennis

le basket-ball
basketball

la natation
landamento

la boxe
boxeo

le hockey sur glace
ice hockey

le football
futbol

le badminton
badminton

l'athlétisme
atletismo

le handball
handbal

le ski
ski

le polo
polo

les activités
actividad

sauter
bula
embrasser
brasa
rire
hari
marcher
cana
chanter
canta
rêver
soña
prier
resa
faire la bise
sunchi

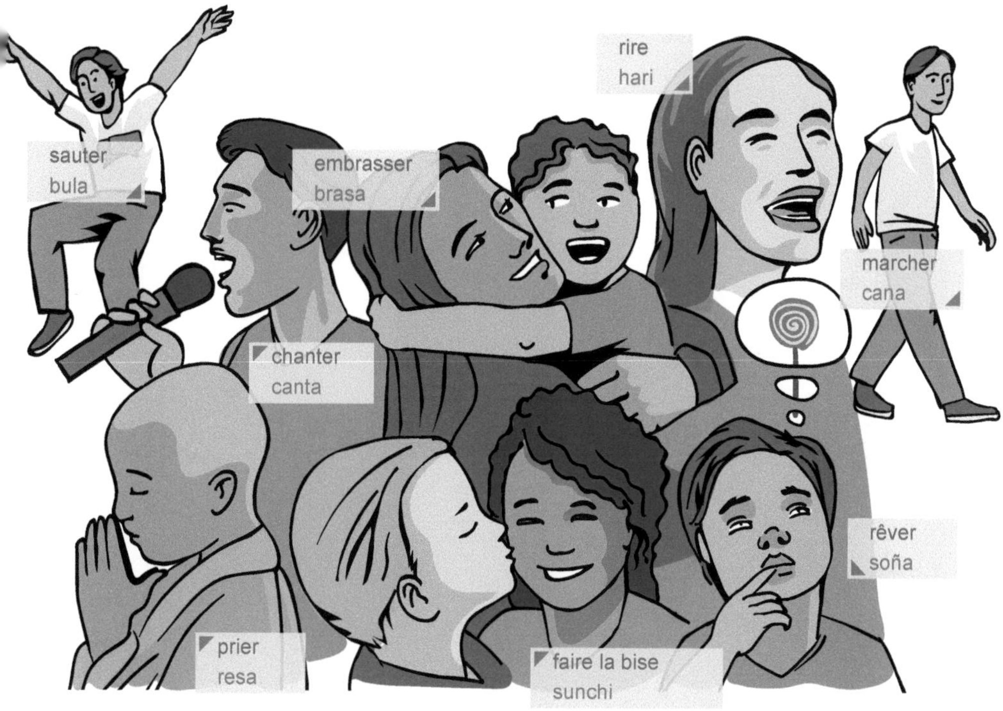

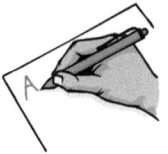

écrire

skirbi

dessiner

pinta

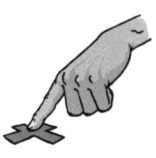

montrer

mustra

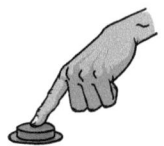

pousser

primi

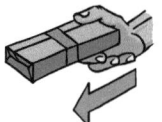

donner

duna

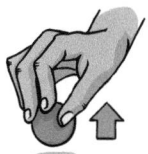

prendre

coy

avoir

tin

faire

haci

être

ta

être debout

para

courir

core

trier

ranca

jeter

tira

tomber

cay

être couché

drumi

attendre

warda

porter

carga

être assis

sinta

s'habiller

bisti

dormir

drumi

se réveiller

lanta fo'i soño

regarder

mira

pleurer

yora

caresser

caricia

peigner

peña

parler

papia

comprendre

compronde

demander

puntra

écouter

scucha

boire

bebe

manger

come

ranger

ruim op

aimer

stima

cuire

cushna

conduire

bai

voler

bula

faire de la voile

zeilo

calculer

conta

lire

lesa

apprendre

siña

travailler

traha

se marier

casa

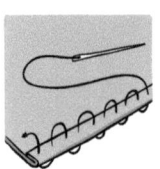

coudre

cose

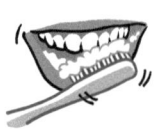

brosser les dents

skeiro djente

tuer

mata

fumer

huma

envoyer

manda

la grand-mère
ela

le grand-père
welo

le père
tata

la mère
mama

le bébé
baby

la fille
yiu muhe

le fils
yiu homber

l'hôte

huesped

la tante

tanta

l'oncle

omo

le frère

ruman homber

la sœur

ruman muhe

le corps

curpa

le front
frenta
l'œil
wowo
l'épaule
schouder
le doigt
dede
le visage
cara
le menton
cachete
la main
man
la jambe
pia
la poitrine
pecho
le bras
brasa

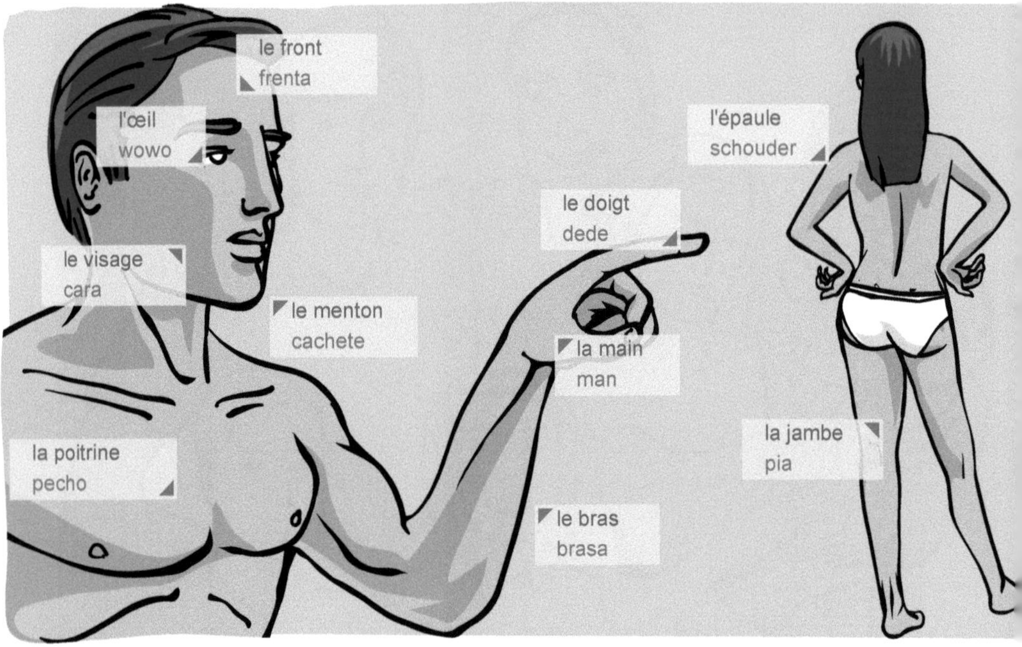

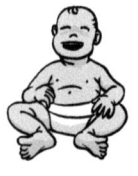

le bébé
baby

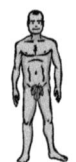

l'homme
homber

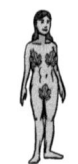

la femme
muhe

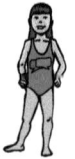

la fille
mucha muhe

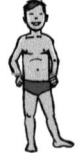

le garçon
mucha homber

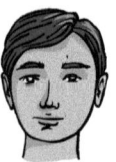

la tête
cabes

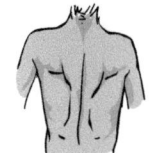

le dos

lomba

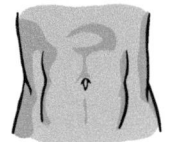

le ventre

bariga

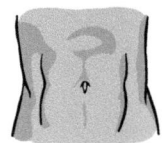

le nombril

lombrishi

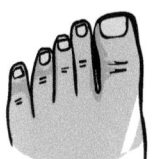

l'orteil

dede di pia

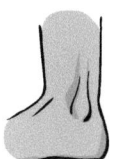

le talon

hilchi

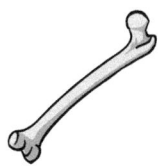

l'os

weso

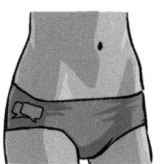

la hanche

heup

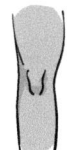

le genou

rudia

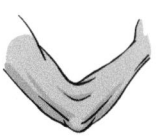

le coude

elleboog

le nez

nanishi

les fesses

chanchan

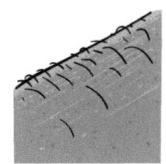

la peau

cuero

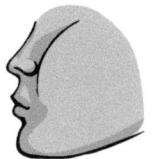

la joue

wang

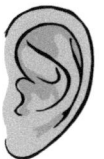

l'oreille

horea

la lèvre

lip

la bouche

boca

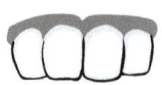

la dent

djente

la langue

lenga

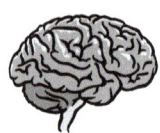

le cerveau

celebro

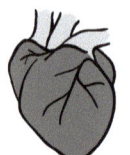

le cœur

curason

le muscle

musculo

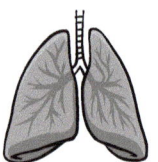

les poumons

pulmon

le foie

higra

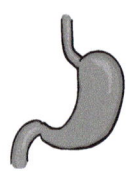

l'estomac

stoma

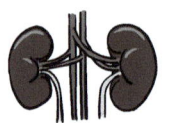

les reins

nier

le rapport sexuel

sex

le préservatif

condon

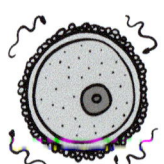

l'ovule

ovulo

le sperme

sperma

la grossesse

embaraso

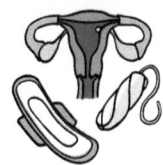

la menstruation

menstruacion

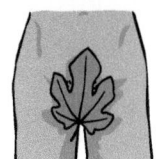

le vagin

vagina

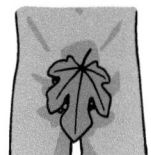

le pénis

penis

le sourcil

wenkbrauw

les cheveux

cabey

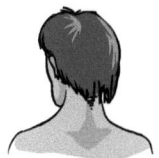

le cou

nek

l'hôpital
hospital

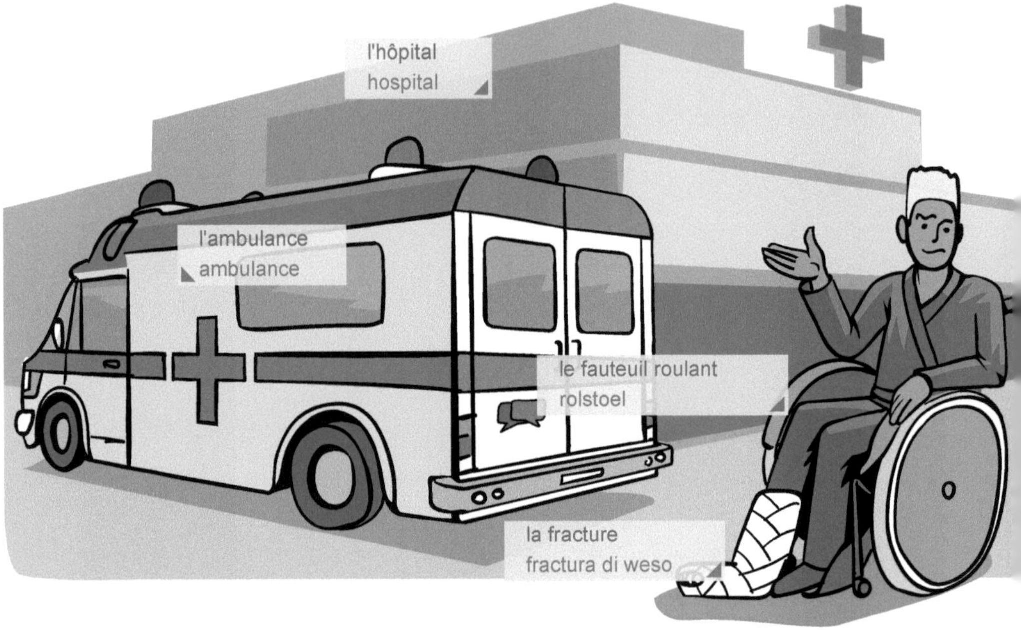

l'hôpital
hospital
l'ambulance
ambulance
le fauteuil roulant
rolstoel
la fracture
fractura di weso

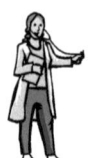

le médecin

dokter

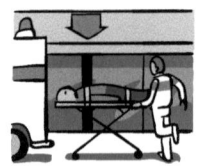

le service des urgences

EHBO (prome asistencia/eerste hulp)

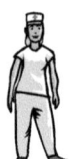

l'infirmière

nurse

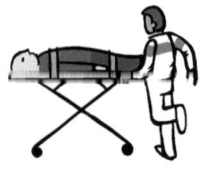

l'urgence

caso di emergencia

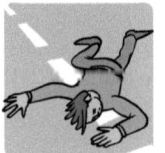

inconscient

fo'i tino

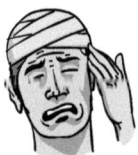

la douleur

dolor

la blessure
....
lesion

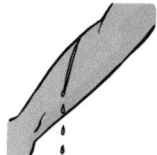

l'hémorragie
....
sangramento

la crise cardiaque
....
ataca di curason

l'attaque cérébrale
....
ataca celebral

l'allergie
....
alergia

la toux
....
tosa

la fièvre
....
keintura

la grippe
....
griep

la diarrhée
....
diarea

le mal de tête
....
dolor di cabes

le cancer
....
cancer

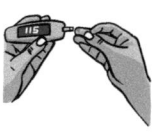

le diabète
....
diabetes

le chirurgien
....
ciruhano

le scalpel
....
scalpel

l'opération
....
operacion

le CT

CT

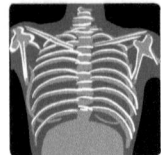

la radiographie

x-ray

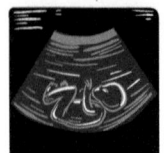

l'échographie

echo

le masque

masker contra stof

la maladie

malesa

la salle d'attente

sala di espera

la béquille

kruk

le pansement

pleister

le pansement

verband

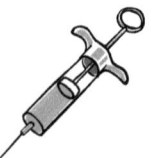

l'injection

inyeccion

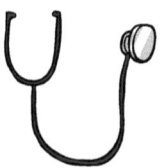

le stéthoscope

stetoscop

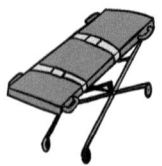

le brancard

brancard

le thermomètre

thermometer

l'accouchement

nacemento

la surcharge pondérale

sobrepeso

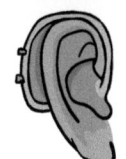

l'appareil auditif

aparato pa oido

le désinfectant

desinfectante

l'infection

infeccion

le virus

virus

le VIH / le sida

HIV / AIDS

le médicament

remedi

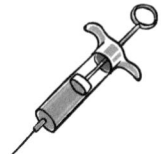

la vaccination

vacuna

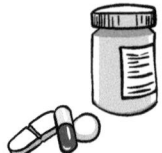

les comprimés

pilder

la pilule

pilder

l'appel d'urgence

yamada di emergencia

le tensiomètre

aparato pa midi presion

malade / sain

malo / saludabel

caso di emergencia

Au secours !
auxilio!

l'alarme
alarma

l'assaut
atraco

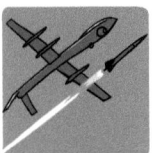

l'attaque
atake

le danger
peliger

la sortie de secours
salida di emergencia

Au feu!
candela

l'extincteur
brandspuit

l'accident
desgracia

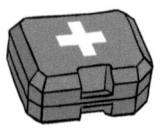

la trousse de premier
secours
caha di prome asistencia

SOS
SOS

la police
polis

l'Europe

Europa

l'Amérique du Nord

Noord America

l'Amérique du Sud

Sur America

l'Afrique

Africa

l'Asie

Asia

l'Australie

Australia

l'Océan atlantique

Oceano Atlantico

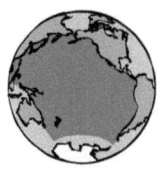

l'Océan pacifique

Oceano Pacifico

l'Océan indien

Oceano Indio

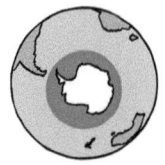

l'Océan antarctique

Oceano Antartico

l'Océan arctique

Oceano Artico

le Pôle nord

Noordpool

le Pôle sud

Zuidpool

l'Antarctique

Antartica

la terre

mundo

le pays

tera

la mer

lama

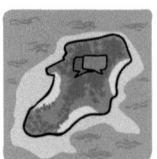

l'île

isla

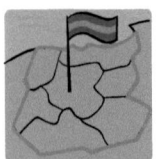

la nation

nacion

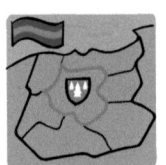

l'état

estado

le cadran

holoshi analog

l'aiguille des heures

wijzer chikito

l'aiguille des minutes

wijzer grandi

l'aiguille des secondes

wijzer di seconde

Quelle heure est-il ?

Cuant'or tin?

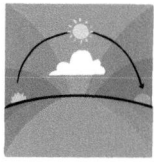

le jour

dia

le temps

tempo

maintenant

awor

la montre digitale

holoshi digital

la minute

minuut

l'heure

ora

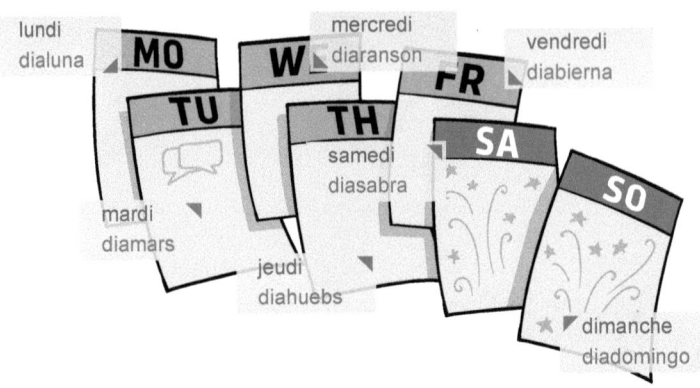

lundi
dialuna

mercredi
diaransón

vendredi
diabierna

mardi
diamars

samedi
diasabra

jeudi
diahuebs

dimanche
diadomingo

hier

ayera

aujourd'hui

awe

demain

mañan

le matin

mainta

le midi

merdia

le soir

anochi

les jours ouvrables

dia di trabou

le week-end

weekend

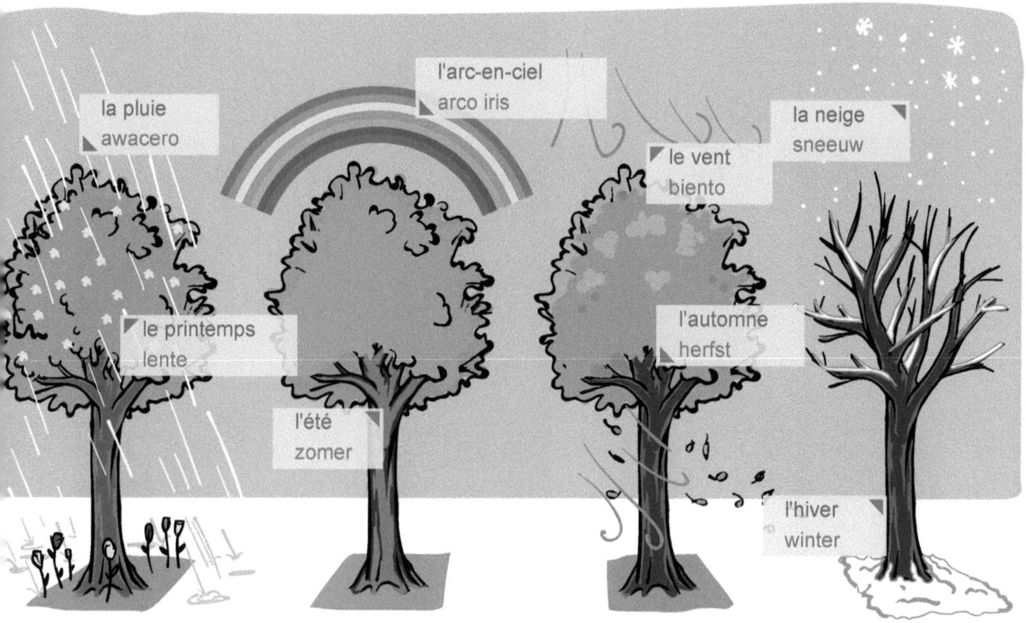

la pluie
awacero
l'arc-en-ciel
arco iris
la neige
sneeuw
le vent
biento
le printemps
lente
l'automne
herfst
l'été
zomer
l'hiver
winter

4.APRIL 11°
5.APRIL 4°
6.APRIL 13°
7.APRIL 8°
8.APRIL 10°

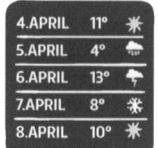

la météo
pronostico di tempo

F C
120 90 60 30 0 -30
40 30 20 10 0 -10 -20

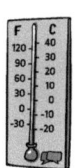

le thermomètre
thermometer

la lumière du soleil
solo ta briya

le nuage
nubia

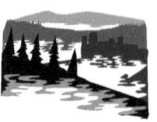

le brouillard
neblina

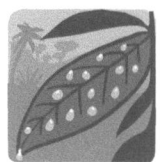

l'humidité
humedad

la foudre

lamper

la tonnerre

strena

la tempête

mal tempo

la grêle

hagel

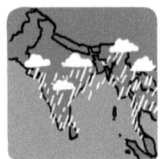

la mousson

mal tempo

l'inondation

inundacion

la glace

ijs

janvier

januari

février

februari

mars

maart

avril

april

mai

mei

juin

juni

juillet

juli

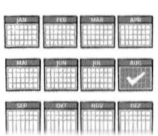

août

augustus

septembre
....
september

octobre
....
october

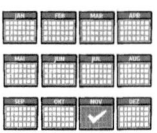

novembre
....
november

décembre
....
december

le cercle
....
circulo

le carré
....
cuadra

le rectangle
....
rectangulo

le triangle
....
triangulo

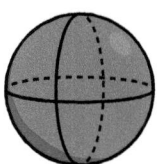

la sphère
....
bol

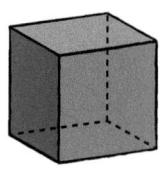

le cube
....
kubus

blanc

blanco

jaune

geel

orange

oraño

rose

ros

rouge

cora

violet

biña

bleu

blauw

vert

berde

marron

bruin

gris

shinishi

noir

preto

beaucoup / peu

hopi / tiki

fâché / calme

rabia / trankil

joli / laid

bunita / mahos

le début / la fin

comienso / final

grand / petit

grandi / chikito

clair / obscure

cla / scur

frère / soeur

ruman homber / ruman muhe

propre / sale

limpi / sushi

complet / incomplet

completo / incompleto

le jour / la nuit

dia / anochi

mort / vivant

morto / bibo

large / étroit

hancho / smal

comestible / incomestible

comibel / incomibel

méchant / gentil

mal hende / bon hende

excité / ennuyé

ansioso / ferfela bo mes

gros / mince

gordo / flaco

le premier / le dernier

prome / ultimo

l'ami / l'ennemi

amigo / enemigo

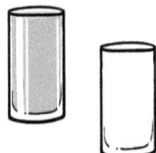

plein / vide

yen / bashi

dur / souple

duro / moli

lourd / léger

pisa / lihe

faim / soif

hamber / sed

malade / sain

malo / saludabel

illégal / légal

ilegal / legal

intelligent / stupide

inteligente / sabi

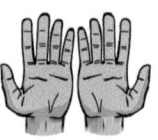

gauche / droite

robes / drechi

proche / loin

cerca / leu

nouveau / usé

nobo / uza

rien / quelque chose

nada / algo

vieux / jeune

bieu / jong

marche / arrêt

cendi / paga

ouvert / fermé

habri / cera

faible / fort

keto / duro

riche / pauvre

rico / pober

correct / incorrect

bon / fout

rugueux / lisse

grof / liso

triste / heureux

tristo / contento

court / long

cortico / largo

lent / rapide

pocopoco / lihe

mouillé / sec

muha / seco

chaud / froid

cayente / friu

la guerre / la paix

guera / paz

les oppositions - contrario

0

zéro

cero

1

un / une

un

2

deux

dos

3

trois

tres

4

quatre

cuater

5

cinq

cinco

6

six

seis

7

sept

shete

8

huit

ocho

9

neuf

nuebe

10

dix

dies

11

onze

diesun

12

douze

diesdos

13

treize

diestres

14

quatorze

diescuatro

15

quinze

diescinco

16

seize

diesseis

17

dix-sept

diesshete

18

dix-huit

diesocho

19

dix-neuf

diesnuebe

20

vingt

binti

100

cent

shen

1.000

mille

mil

1.000.000

le million

miyon

l'anglais

Ingles

l'anglais américain

Ingles Mericano

le chinois mandarin

Chines Mandarin

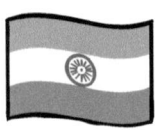

le hindi

Hindi

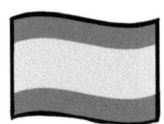

l'espagnol

Spaño

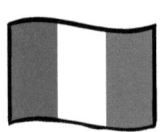

le français

Frances

l'arabe

Arabe

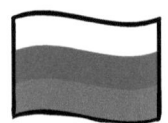

le russe

Ruso

le portugais

Portugues

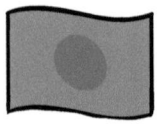

le bengali

Bengal

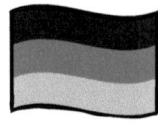

l'allemand

Aleman

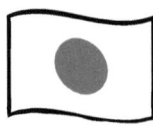

le japonais

Hapones

je
....
ami

tu
....
abo

il / elle / ce, c', cela
....
e

nous
....
nos

vous
....
boso

ils / elles
....
nan

Qui ?
....
ken?

Quoi ?
....
kico?

Comment ?
....
con?

Où ?
....
unda?

Quand ?
....
ki ora?

le nom
....
nomber

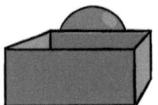

derrière

patras

dans

den

devant

dilanti di

au-dessus

ariba

sur

riba

en-dessous

bou di

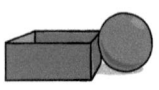

à côté de

banda di

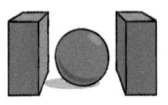

entre

entre

le lieu

luga